諷詩調詩集 · 486

풍간시초 · 2

박진환 제538시집

지성감성의 메타언어
조선문학사시인선.999

諷詩調詩集 · 486

풍간시초(諷諫詩抄) · 2

조선문학사

■ 책머리에

600권의 시집에 가닿고 싶다

  이번 풍시조시집은 『풍간시초(諷諫詩抄)』란 타이틀로 『책선시초(責善詩抄)』 이후에 쓴 풍시조 2,800편을 100편씩 28권의 시집에 나누어 묶었다.
  타이틀 풍간(諷諫)이란 말은 '살며시 나무라는 뜻을 붙이어 비유로 남을 깨우친다'는 말이다. 바꾸어 풀이하면 잘못을 비유로써 깨우친다 함이니 시로써 징벌하는, 문화적으론 선에 이바지함쯤이 된다. 풍시조 식으로는 악에 감행하는 시의 복수도 되고, 복수의 시가 되기도 한다. 그리고 악에 감행한 문화적 징벌이니 선에 이바지하는 개선(改善)의 의도쯤이 된다.
  시대·세태·현실에서 자행되고 있는 부조리·비리·악행과 같은 시대적 병리를 비유로써 일깨워줌으로써 선을 일으켜 세우려는 문화적 행위쯤이 된다.

풍시조가 악의 교정을 통한, 악을 징벌함으로써 선을 일으켜 세우고자 하는 선에의 봉사라는 점에서 '순수한 통장'의 감행이라고도 할 수 있다.

 나름의 풍시조 시에 대한 신념에 충실하고자 하고 앞으로 중단됨이 없이 더 써서 600권의 시집에 가 닿고 싶다.

2025년 仲秋
저자

박진환 제538시집 / 諷詩調詩集 · 486

풍간시초 · 2

차례

책머리에_600권의 시집에 가 닿고 싶다 / 5

2025년 5월 8일
정치인 것을 / 13
더 많을 듯싶어서 / 14
"저것도 당이가" / 15
로비로 상 받지 / 16
안 하느니만 못한 것을 / 17
??? / 18
悲悲悲여서 / 19
골빈당과 같아서 / 20
계기 됐으면 / 21
듣겠나만 / 22
내란음모 아직 안 끝났단 증좌 / 23
찬탄이란 권총에 장전된 채 / 24
꿈꼬대 꿈 깨우길 / 25

2025년 5월 9일
내뱉는 소리여서 / 26

"저것도 당인가" / 27
독약이 될 듯싶어서 / 28
민심 쏠린 듯싶어서 / 29
열없겠다 / 30
기운 운동장 돼가고 있어서 / 31
희한하기도 / 32
고려장 신세 될 판이어서 / 33
성공은 할까? / 34
필요 없을 듯 / 35
했던데 / 36
후자 쪽 믿고 싶어서 / 37
힘 빠진 지 오래여서 / 38
미쳤다여서 / 39
옳소! / 40
나자빠지지 않을지 / 41
기진맥진하면 / 42
할 소리 못 돼서 / 43
무상함 느끼게 하네 / 44

2025년 5월 10일
비웃음감 같아서 / 45
입이어서 / 46
3류 소설 취급해서 / 47
면하겠나 / 48

했던가 / 49
없을 듯싶어서 / 50
있겠나 / 51
맘이 내키지 않아서 / 52
있던가 / 53
무지게여서 / 54
같아서·1 / 55
같아서·2 / 56
쳇병장이 못 면하는 / 57
거지꼴 같아서 / 58
비정상 같아서 / 59
열없겠다 / 60
없을 듯싶어서 / 61

2025년 5월 11일
망했어 / 62
계기 됐으면 / 63
새 등식 가르쳐줘서 / 64
자초했겠나 / 65
태어났으면 / 66
있어서 / 67
국힘, 대선 쿠데타 / 68
국민 앞에 못 서 / 69
빅텐트지 / 70

못 쓰게 할 것 같아서 / 71
자진사퇴해야 / 72
부럽다 유지 / 73
그리 했겠나 / 74
발동이나 제대로 걸릴지 / 75
달리 꿀 꿈이라도 남아 있을랑가 / 76

2025년 5월 12일
다르지 않을 듯 / 77
6월 3일 / 78
천생연분 아니던가 / 79
잘들 가시게나 / 80
출당조치 운운 / 81
그래 / 82
안 될지? / 83
기는 놈 위에 나는 놈 / 84
단결만 외쳐서 / 85
가능할 듯싶어서 / 86
들어들 가셔 / 87
그런 사람 있어 / 88
가망 더 없어서 / 89
술이 먼저 깨서 / 90
여직도 대통령 꿈속인가 / 91

2025년 5월 13일

반증 / 92
있겠냐? / 93
어쩐다 / 94
함께 포함되어 있어서 / 95
개꿈이라 했던가 / 96
불행이 앞장서서 / 97
관심 둘까? / 98
당선, 어림없는 소리지만 / 99
아닐까요? / 100
고파(高波)여서 / 101
대선공약이어서 / 102
정치가 거짓말인 소이가 그러해서 / 103
꿈꼬대와 같아서 / 104
헌데 배 내밀어서 / 105
죄다(罪多)로 몰려서 / 106
포승줄이나 안 될지 / 107
'이번엔 이재명'이란 의견 제시도 / 108
대구 민심 대변한 것 같아서 / 109
승리가 덕목이어서 / 110
'흔들리는 가슴의 바람소리' / 111
당내에서 살아남아야 / 112

- 시집 평설을 대신해서_諷詩調에 대한 사계의 견해
  - 三行詩의 안팎_문덕수 / 113
  - 知的調律에 의한 시 意味의 密度와 結晶度_성찬경 / 122
  - 諷詩調의 깃발과 風向_김용직 / 128
  - 박진환의 3행 '諷詩調'에 대하여_최원규 / 131
  - 풍시조 읽기_문효치 / 136
  - 諷詩調에 나타난 형이상시법의 수사법_최규철 / 140

2025년 5월 8일

정치인 것을

정치 초보 한덕수 배수진, 가볍게 역이용한 김문수 했던데 초보 뒤엔 정치 9단들이 스크랩 짜서 그걸 믿었던 게지, 정치란 신념·신의로 하는 것이 아니라 술수로 하는 것이 정치인 것을

더 많을 듯싶어서

'권성동, 단식 돌입' 두고 망가져가는 당 수습에 앞장서야 할 분이
단식으로 도피처 삼다니, '단식으로 상황 전환되겠냐'라니
곱게 보는 시각보다 사시로 보는 시각이 더 많을 듯싶어서

"저것도 당이가"

국힘 경선 탈락자 홍준표: 용산, 당 지도부 공작, 안철수: 후보들 들러리였냐라며 지도부 맹비난에 권성동은 단식으로, 권영세는 사퇴 배수진으로 각자도생, 이를 두고 국민들 "저것도 당이가"

로비로 상 받지

이재명 민주당 후보 '작가 학교 설립 검토 했던데 와! 발 빠르다 작가 학교 세우면 노벨문학상 또 탈 수 있을까? 작가 학교 10개 세워도 로비팀 하나만도 못 해, 문학으로 상 타나 로비로 상 받지

안 하느니만 못한 것을

체코원전 계약체결 직전에 중지사태 맞은 걸 두고 '이참에 경제성 검토해야 했던데,' '저가 수주가 소이인 듯 맞는 말 아니던가, 이익 없으면 안 하느니만 못한 것을

???

의대생 70%가 수업 거부, 제적 피하고 유급 선택하듯 했던데
도대체 근본 해결책은 없는 걸까? 양측 다 절충할만한
대안은 진정 부재한 것일까? 해결책 없는 문제점은 뭘까?

悲悲悲여서

올여름, 호우·폭염·강풍 더 강해진다 했던데, 50년간 열 배로 늘어난 집중호우에 6~9월까지 장마철이라니, 벌써부터 질리네 허긴 세상이 부정의 非非非 아니면 억울해 우는 悲悲悲여서

골빈당파 같아서

국힘 친윤 주도 단일화 두고 '골방정차' 하면서 '국민이 모를 줄 아냐' 했던데 골방주인이 누구더라, 요즘 종종 애완견 동행 나들이도 한 모양이던데, 친윤 골방파, 골방파 아닌 골당파, 골빈당파 같아서

계기 됐으면

서울고법, 이재명 재판 '대선 후로 변경' 두고 사필귀정했던데
헌재에 이어 법원에도 사필귀정 살아있는 듯해서 다행
내친김에 대행, 대행체제 마무리로 이어져 새 정부 계기 됐으면

듣겠나만

제동 걸린 체코 원전, 계약 전날 걸린 제동으로 계약식 참석차 떠난 대규모 대표단, 닭 쫓던 개 꼴, 이를 두고 하는 말 '국가망신', 허기사 국가 망신이 이것뿐인가, 오죽했으면 '저것도 나라가'란 말 듣겠나만

내란음모 아직 안 끝났단 증좌

조희대 막장극은 끝났지만 윤석열 각본·감독의 스릴러는 계속되고 있다 했데, 이를 두고 영화나 소설이 아닌 코리아가 처한 실제 상황이라고도 했데, 내란음모 아직 안 끝났단 증좌

찬탄이란 권총에 장전된 채

증좌 그렇다 해도, 반탄연대 총동원한다 해도 대세는 기운 운동장
국민의 선택이 찬탄이면 대세 흐름 못 막아, 이미 국민 손엔
총알 하나씩 주어졌거든, 찬탄이란 권총에 장전된 채

꿈꼬대 꿈 깨우길

반탄, 찬탄의 사격대회 6월 3일, 한판 승부, 정조준은 끝난 듯싶고
방아쇠 당길 일만 '하느님이 보호하사 우리나라 만세'
비운의 코리아 한 방 총성으로 꿈꼬대 꿈 깨우길

2025년 5월 9일

내뱉는 소리여서

귀 둘인 게 원망스럽다, 들려오느니 "저것도 당이갸"
'저것도 나라갸도 집권여당 박근혜 시절 구호, 이번에는
'저것도 당인갸도 국힘 향해 손가락질하며 내뱉는 소리여서

"저것도 당인가"

국힘, 딱하다, 한덕수 내세우기 위해 이래도 안 되고
저래도 안 되는 얄팍한 수단, 그것도 지혜라고
내놓지만, 그럴 때마다 들려오는 소리 "저것도 당인가"

독약이 될 듯싶어서

국힘 지도부, 당대표는 사퇴 배수진, 원내대표는
단식, 문제는 두 방법 다 약으로 치면 약 효험은커녕
되레 독약이 될 듯싶어서

민심 쏠린 듯싶어서

참 딱하다, 돌아가는 선거판 보면 한덕수 내세워도
이재명 이길 것 같지 않아서, 민심의 흐름 국민의
생각 지지율로 보면 후자 쪽에 민심 쏠린 듯싶어서

열없겠다

이렇건 저렇건 국힘 열없겠다
열없겠다
열없겠다

기운 운동장 돼가고 있어서

국힘, 경선 거쳐 후보 뽑아놓고 마음에 안 든다고 '후보 교체' 꺼내
그것도 합법적 절차 아닌 그 알량한 국민이 외면한 힘으로
문제는 교체 하나 마나 대세 이미 기운 운동장 돼가고 있어서

희한하기도

이재명 파기환송으로 불질러놓고 '신뢰회복' 앞세우며 '전국법관대표회의' 소집이라니, 거창하게 나설 것 뭐 있나, 책임자인 대법원장 사퇴하면 될 것을, 희대의 사건 희대가 저질러서, 희한하기도

고려장 신세 될 판이어서

한국 잠재성장률 2040년대엔 0.1%로 전망, 소이인즉 '고령화
고령화 옛날식으로는 고려장, 고려장이 사람 아닌
경제가 고려장 신세 될 판이어서

성공은 할까?

오늘 단일화 계획 안 나오면 국힘, 김문수 '후보직 박탈' 불사 했던데 경선으로 당 이름으로 뽑아놓고 후보직 박탈한다? 정치란 게 그래 뭐 그렇다 치고 정도(正道) 되면 정치 성공은 할까?

필요 없을 듯

중·러 정상, 북한에 대한 강업적 제재·압박 포기해야, 공동성명
남녘은 초상집 같은 아수라장인데 북 김 선생 좋으시겠어
중·러가 밀어주면 세상 얻은 셈이지, 트럼프까지 필요 없을 듯

했던데

경찰, 이재명·김문수 집은 빼고 '한덕수 집 주변' 24시간 경비했데
아직도 총리로 아는 걸까? 대권 가능성이라도 점친 것일까?
이래저래 구설수면 빈총도 안 맞느니만 못하다 했던데

후자 쪽 믿고 싶어서

국힘, '단일화 없이는 승리 없다' 원내대표의 말
헌데 '국힘' 아닌 '국민들'은 '단일화 해도 승산 없다'
둘 다 머리에 국민 얹었다만 후자 쪽 믿고 싶어서

힘 빠진 지 오래여서

보안시도 못 꺾은 김문수, 친윤은 되겠나 했던데, 친윤이란 게 종이호랑이 집단된 지 오래여서 그럴 힘 있겠나? 힘 없으면 되레 꺾이기 마련, 국힘 힘 빠진 지 오래여서

미쳤다여서

친윤의 '후보 교체' 두고 이런 '단일화 왜 하나?' 했던데
얼마나 이기고 싶었으면 그러겠는가마는 상대를 정적 아닌
자당 후보 거꾸러뜨리기라니, 세상 평판 '미쳤다여서

옳소!!

"극우로부터 민주주의를 지켜내자"에 들려오는 소리 있데
옳소
옳소!!

나자빠지지 않을지

국힘, 있는 힘 다 쏟아내도 점점 진구렁탕으로 빨려들어간 것 같아서, 정도(正道) 택하면 막힌 길 뚫리기도, 반대로 정도 외면하면 뚫렸던 길도 막히는 법이어서, 국힘 힘 다 빠지면 나자빠지지 않을지

기진맥진하면

정도 걷다 기절해 나자빠지면 필시 일으켜 세우는 이
있기 마련, 반대로 사도 걷다 나자빠지면 밟고 가기
마련, 어쩐다 국힘 고재 넘다 기진맥진하면

※ 고재(高哉) : 높고 험한 고개란 뜻으로 쓴 이백(李白)의 시어.

할 소리 못 돼서

국힘, 당의 명예 걸고 선택한 대권 후보자리 두고, 당의
원내대표란 위인이 하는 말 "그 알량한 후보자리"
말이여, 소리여, 헛소리여, 멀쩡한 정신으로 할 소리 못 돼서

무상함 느끼게 하네

국힘 후보 단일화하려다 되레 당 분열 차원의 파열음만
형제혁장이라 했던가, 권불10년이라 했던가
그럴 때가 된 듯싶어서, 인생 아닌 정치의 무상함 느끼게 하네

2025년 5월 10일

비웃음감 같아서

국힘 대선후보 경선, 짜고 치는 고스톱이란 의구심 자아내
대권후보 경선으로 뽑고, 다시 한덕수와 경쟁시켜 최후
결정한다는 시나리오, 한덕수 카드, 각본도 연출도 비웃음감 같아서

입이어서

문제는 뚜껑은 열어봐야 알겠지만 민심 돌아가는 여론
한덕수·김문수 합쳐도 어려울 것이란 진단과 함께
"저것도 당이갸"가 국민 시각이자 입이어서

3류 소설 취급해서

국힘, 한덕수 카드 경쟁 아닌 사전에 짜여진 각본대로
연출한 듯, 문제는 관객들 "정치 참 추하네", "정치란 칼자루
쥔 놈 뜻대로"라며 3류 소설 취급해서

면하겠나

민주: 쭉쭉, 종점 향해 일사불란
국힘: 형제혁장, 달려도 못 면하는 꽁무니로 굳어버리지나 않을지
저리 스텝 꼬여서야 길 열렸단들 절룩절룩 면하겠나

했던가

정치란 정도(正道)가 없는 이전투구장
물고 물리는 왕왕(王王) 킹킹(king king)
이런 세상을 뭣만도 못한 세상이라 했던가

없을 듯싶어서

국힘, 불협화음 지켜보며 민주 스텝 안정감 돋보여
이런 돋보임 표로 이어지지 않을지, 몸도 가누지 못한
비틀대는 선두, 뒤이을 줄 없을 듯싶어서

있겠나

다투어 줄 이어져도 이길까 말까 한 싸움
이어졌던 줄도 토막 나면 보나 마나 한 싸움
끝이 훤히 보이는 싸움에 줄 설 사람 있겠나

맘이 내키지 않아서

당신은 제대로 줄 섰느냐고요?
글쎄요, 매번 줄 밖에 서 있어서요
총알은 가지고 있으나 맘이 내키지 않아서

있던가

정도(正道)가 있어야 따라가지
없으니 따라가고 싶어도 정도가 없어
허긴 내 맘에 길이 없는데 갈 길인들 있던가

무지계여서

길은 어디에도 없었어
아미 사이에 걸려 있던 길은 색깔 없는 무지개
산다는 것도, 살아가는 것도 무지계(無知界)여서

같아서 · 1

헌데 나만 그런 줄 알았는데 정치판 보니
길 다운 길이 없데요, 있다면 가서는 안 될
유형(流刑)의 길만 있는 것 같아서

같아서 · 2

허긴 죄 없는 놈도 있던가
있다면 바보천치
바보천치면 좋겠는데 쳇병에 걸린 지 오랜 것 같아서

쳇병장이 못 면하는

정치판 보니 잘난 놈도 많지만
지지리 못난 놈도 있데
못난 줄도 모르고 잘난체하는 쳇병장이 못 면하는

거지꼴 같아서

탓할 것 없는 것이 배고파 밥그릇 싸움만 하는 놈
정치 욕망에 걸신들려 못 면하는 거지꼴에
꼴에 꼴이 꼬레아의 거지꼴 같아서

비정상 같아서

거지 같은 세상에 거지면 정상이네
거지꼴에 젠체하면 그게 비정상이지
너도나도 정상(頂上) 정상이 비정상 같아서

열없겠다

전 국힘 대표였던 한동훈도 작금의 국힘 하는 짓 보고 '웃기는 짓' 했던데, 웃기기만 하면 다행, '저것도 당인갸'라며 비웃음에 발길 돌리기까지, 열없겠다

없을 듯싶어서

국힘 쌍권총, 서부활극 '무법자' 주인공감
헌데 쌍권총이면 뭘하나, 방아쇠 당기는 손
따로 있는 걸, 총알보다 무섭다는 투표는 막을 길 없을 듯싶어서

2025년 5월 11일

망했어

국힘, 빅텐트 정치 풍선 빈텐트로 바람 빠져 쪼그라진 차양만도 못한 천막되고, 권영세 권영세(權永勢)였으면 좋았을걸, 권영세(權令勢)로 이름값도 못 하고, 망했어

계기 됐으면

국힘, 심야 쿠데타, 계엄 셀프 쿠데타 배운 대로
날 새자 반일(半日) 쿠데타로 끝나, 쿠데타 설자리 상실
이참에 계엄·쿠데타 뿌리 뽑아버리는 계기 됐으면

새 등식 가르쳐줘서

국힘, 대통령 후보 김문수, 저승사자에 끌려갔다가
기사회생, 염라대왕도 사필귀정 외치며
호통쳐 쫓아버려서, 쫓김이 삶이라는 새 등식 가르쳐줘서

자초했겠나

빅텐트, 당원의 역풍에 무너져 초상집 돼 버렸어
권불십년이라더니 상주 신세가 딱 그러할 듯
정도(正道) 걸었던들 초상집 자초했겠나

태어났으면

국힘, 바탕은 살아있는데, 후보 교체에 선택 올바르게 해서
바탕은 그러한데 올라갈수록 썩어 있어서, 이참에
머리 부분 교체해서 새로운 얼굴로 태어났으면

있어서

국민의힘 국회의원들, 얼굴 들고 목에 깁스하고 다니며
'저것도 당이냐'에 이어 '저것도 의원나리신가' 비아냥
못 면할 판, 그뿐인가, 입당 몇 세기 만에 체면 구겨버린 분도 있어서

국힘, 대선 쿠데타

어느 분의 시나리오였는지는 몰라도 각본·연출·기획 엉망에 주연배우까지 서투른 연기, 허니 구경은 고사하고 퇴퇴퇴 돌아서며 '엉터리 사기극 내뱉기도, 뭐가? 국힘 대선 쿠데타

국민 앞에 못 서

국힘 지도부, 내세운 명분도, 변명도 안 통하는 체면 구긴 심야 정치쿠데타, 그 체면으로 김문수 밀었다간 표만 깎일 판, 김문수 완주라도 하려면 국힘 얼굴 바꿔야 구겨진 얼굴로는 국민 앞에 못 서

빅텐트지

따르릉 벨소리에 전화 들었더니 앞뒤 없이 "TV 봤는가"
봤다 했더니, "문상 가야 허겠데, 초상 났어"
어디? 했더니, "어딘 어디야 쪼그라져 버려진 빅텐트지"

못 쓰게 할 것 같아서

문제는 뭐니 뭐니 해도 국힘 김문수 대권주자
당이 그 모양이니 밀어줄 국민인들 있을 것 같지 않아서, 밀어주긴
커녕 당명 국민의힘 머리글자 '국민도 못 쓰게 할 것 같아서

자진사퇴해야

일말의 희망은 후보 교체에 반대한 양심 살아있는 당원들이
그나마 체면유지는 해줘서, 심심치 않게 들려오는 소리
"국힘, 저 지경이면 당 해체하고, 의원들 자진사퇴해야"

부럽다 유지

민주, 흐트러짐 없이 일사분란한 대권 향한 행보
국힘 당직자도 "부럽다" 하던데, 부럽다에 값하기 위해선
정정당당 정도(正道)행으로 국민 편에 서야 부럽다 유지

그리 했겠나

국힘 지도부, 체면이고 명분이고 오직 발등의 불 끄기 위해
목적달성에만 급급, 불길로 뛰어들더니 불벼락 맞았어, 급한 대로
돌아가란 말 새겼던들, 구화투신 알았던들 그리 했겠나

※ 구화투신(救火投薪) : 불을 끈다고 급한 김에 장작을 던진다 함이니 근본은
다스리지 못하고 되레 화만 키운다는 말

발동이나 제대로 걸릴지

문제는 앞으로, 당이 난장판 못 면해 초상집 됐으니 대권가도 앞에 하고 제대로 나아가기나 할지? 핸들은 대권주자가 쥔다고 해도 양 바퀴는 펑크, 속행은 고사하고 발동이나 제대로 걸릴지?

달리 꿀 꿈이라도 남아 있을랑가

국힘 집행부, 이성 되찾으려면 임기 끝나는 4년 후나 안 될지?
찾는단들 무슨 힘 있어 새 꿈이라도 꾸겠는가? 허긴 그간
잠꼬대 꿈꼬대로 몽환상태, 달리 꿀 꿈이라도 남아 있을랑가

2025년 5월 12일

다르지 않을 듯

윤석열 왈 국힘 단결 외칠 겸 주문했던데 단결이 결단으로 들리데
무슨 결단? 윤석열 출당, 계엄 동조세력 퇴출 결단으로
그렇구나, 지렁이도 밟히면 꿈틀, 법꾸라지도 다르지 않을 듯

6월 3일

윤심에 충성하다 당심에 거부당한 국민의힘, 이제 남은 건
국민에 거부당하는 일, 기다려보셔들
6월 3일

천생연분 아니던가

윤석열 내란수괴죄로 법정에 서고, 김건희 명태균게이트에 연루
법정에 설 듯, 잘됐네, 부창부수, 그리 잘맞는 궁합도 없어
나란히 복당신세면 그 또한 천생연분 아니던가

잘들 가시게나

국힘, 당원 투표, 길 열어 보내는 최후의 자비심 보여주데, 윤핵관
친윤계 물러가는 길, 맨 앞에 윤석열, 뒤이어 쌍권총 찬 친위부대
'이제 가면 언제 오냐, 보내는 이 없는 가는 길 잘들 가시게나

출당조치 운운

윤석열, "우린 반드시 승리" 외치며 대선 개입, '파면당한 주제에
지금도 대통령인 줄 아는 모양이라며 국민들 하는 말
"꿈 깨고 꿈꼬대"도 그만하셔, 국힘은 '출당조치' 운운

그래

윤석열 꿈꼬대에 역효과 운운하며 국힘 출당 불사론도 헌데 정작 당사자는 불사(不辭)를 불사(不死)쯤으로나 안 알지? 그보다도 불사불멸로 알지나 않을지? 꿈 못 깨면 그래

안 될지?

'광화문 세력 덕분에 대선출마' 했다며 '당장 광화문 집회 오라'
호통조 전광훈, 아하, 김문수 뒤에 그런 손이 있었구나
어쩐다, 국힘, 자유통일 사이에 낀 샌드위치나 안 될지?

기는 놈 위에 나는 놈

건진법사, 스스로를 신통력·예지력 지녔다며 '보수 위해 기도 했던데, 접으셔, 기도로 치면 전광훈 기도는 기도(氣道) 막을 수도 틀 수도 있어서 신통력보다 한 수 위거든, 기는 놈 위에 나는 놈

단결만 외쳐서

당원들이 막은 후보교체 막장극 '내란 청산이 국힘 살길' 했던데
내란 청산이면 윤석열을 비롯한 윤핵관 친윤계 청산 아니던가
그걸 모르는 사람도 있나, 그래도 내란수괴는 단결만 외쳐서

가능할 듯싶어서

단결, 국민이 듣기엔 결단으로 들리데, 무슨 결단이냐고?
윤계열 청산 결단, 헌데 국힘으론 글렀고, 이것 역시 국민의힘
저지할 수 있는 진짜 국민의 단합된 힘만이 가능할 듯싶어서

들어들 가셔

'내란청산? 꿈에 취해 나자빠져 꿈꼬대만 일삼고 있는데
이를 청산한다고? 국힘으로는 불가, 기다려보더라고
6.3일 진짜 국민의 힘이 무엇인가를, 가짜 국힘은 들어들 가셔

그런 사람 있어

'다시 보고 싶지 않은 얼굴수 했던데, 틀렸어, 진짜 다시 보고 싶지 않은 얼굴 있지, 보고 싶지 않아 죽겠는데 그래도 보여주고 싶어 죽겠다며 내민 민낯, 누구냐고? 그런 사람 있어

가망 더 없어서

'울분 사회에 미래는 없다'는 진단, 진단 틀렸어, 울분이라도
자장해야 울분 터뜨릴 수 있어서, 울분 없는 가슴은 자장 없는
가슴, 자장 없는 가슴은 무쇠가슴이어서 가망 더 없어서

술이 먼저 깨서

'더러운 놈의 세상이 나를 술 마시게 한다', 술이라도 마셔야 울분 아닌 분통 토해내 진정시킬 수 있어서, 잠꼬대·꿈꼬대가 주름잡는 세상, 술꼬대라고 못 토할 것도 없지, 정치 몽혼보다 술이 먼저 깨서

여직도 대통령 꿈속인가

내란수괴가 아직도 미련 못 버리고 단결이니 승리니 외치는 소리를
정상으로 듣는 귀도 있던가, 헛소리, 잠꼬대·꿈꼬대로 듣고
흘려버리면서 하는 말들 "파면된 주제에 여직도 대통령 꿈속인가

2025년 5월 13일

반증

중·미 상호관세 90일간 115%씩 인하 합의했다던데
세계 경제 침해 우려 완화 전망 내놓기까지, 역시 세계는
G2가 돌리는 축(軸)에 따라 돌아가고 있다는 반증

있겠나?

5월 초, 1일에서 10일까지 대미수출 30% 넘게 감소, 대미뿐인가
대중수출도 20%가량 감소, 이리 감소 감소만 되풀이하면
종국에 남는 것은 뭘까? 남는 것이나 있겠나?

어쩐다

국힘 선대위, 친윤 대거 포진 두고 '도로반탄당'이란 비난도
출발부터 비난 무릅쓰고 스타트면 스타와는 점점 멀어질 판
스타와 멀어지면 국민과도 가까울 수 없음이니 어쩐다

함께 포함되어 있어서

국민 질문 6315개, 이재명 출정식서 받아 들였다던데
많은 질문 중 쓸만한 질문 있으면 가려서 정책에 반영해야
국민의 질문 속엔 국민의 지혜도 함께 포함되어 있어서

개꿈이라 했던가

윤석열 기대했던 사과 대신 사과만 한 주먹만 불끈 지지자들 '윤어게인'에 충전된 것일까? 그보다 아직도 '어게인' 꿈꼬대 같아서, 꿈도 용꿈 아닌 헛꿈, 헛꿈을 개꿈이라 했던가

불행이 앞장서서

윤석열·김건희 부부, 남편은 내란수괴죄로 재판에
아내는 공천개입으로 재판에, 궁합 잘 맞고 공평하네
천생연분이 그러하다면 행복한 부부, 헌데 불행이 앞장서서

관심 둘까?

'도로반탄당'된 국힘 보기에도 딱하다, 찬탄이 이끌어낸 대선에 반탄당이 활보하다니, 세상이 거꾸로 돌아가고 있음이다, 문제는 거꾸로 돌아가는 판에 옳게 돌아가기 바라는 국민이 관심 둘까?

당선, 어림없는 소리지만

국힘 살아남기 위해서는 반탄 태극부대 끌어안아야, 그러려면
계엄실패자건, 내란수괴건 가리지 않고 표밭 다져야
그리해서 당선된다면 어찌 될까? 당선, 어림없는 소리지만

아닐까요?

누가 '의과대학생을 정치화시켰냐'고 물었던데
글쎄요? 의대정원 확대정책자들 아닐까요?
글쎄요? 정책자들에게 입안 의뢰한 자들 아닐까요?

고파(高波)여서

닻 올린 6.3 대선호, 출항은 했네만, 가 닿아야 할 대안도 제시돼 있데만, 국난극복, 통합과 희망의 항해엔 격랑·노도·쓰나미만 산더미로 닥쳐와서, 고재보다 더 넘기 어려운 것이 고파여서

※ 고재(高哉) : 이백 시에 나오는 말로 험한 산고개, 고파(高波)는 이에 곁들여본 높은 파고란 뜻으로 써본 말

대선공약이어서

대선후보들에게 '공영방송 중립화 의지 있는가?'라고 물었던데
답이야 '있다'겠지만 실천의지도 '있다'일지? 공약이란 게
언제고 공약(空約)으로 끝나는 것이 대선공약이어서

정치가 거짓말인 소이가 그러해서

대선후보자들 후보시절엔 모든 것 다 받아들여 OK하지만
당선되고 나면 그 반대 KO시켜 물리쳐서, 그걸 알면서도
속아주는 것이 정치생리, 정치가 거짓말인 소이가 그러해서

꿈꼬대와 같아서

후보도 정책도 여성이 없다 했던데, 그러고 보니 여성후보 없고
어떤 후보는 '반여성 행보'까지, 아스팔트지지 그 많던 여성들
반응이 궁금해서, 허긴 꼬끼오 아닌 꼬꼬대가 꿈꼬대와 같아서

헌데 배 내밀어서

윤석열, 공판 첫 공개 출석 때 입 꼭 다물고 주먹 불끈쥐기만 왜 할 말 없었겠나, 해봤자 헛소리 취급 알아차린 게지, 헛소리 아닌 귀한 말씀도 있긴 헌데, 뭐냐고? '사과, 헌데 배 내밀어서'

죄다(罪多)로 몰려서

검찰 14일 소환조사, 김건희 '건강 이유로 불응할 듯' 했던데
어찌 안 아프겠나, 안 아프면 이상하지, 정상이면 아파야
파면, 명태균 게이트 등등 죄다 죄다(罪多)로 몰려서

포승줄이나 안 될지?

대선후보들, 쏟아낸 공약들, 거짓말쟁이 자초하고
정치란 속임수란 걸 증명하기 위한 선언문 같아서
한 자 한 자가 새끼줄로 꼬여서 자승자박 포승줄이나 안 될지?

'이번엔 이재명'이란 의견 제시도

'보수의심장', 대구 민심두고 한 말일듯, 헌데 그냥 '보수민심'이 아닌 '흔들리는 보수의 심장' 했데, 국힘 '후보 교체 파동' 지켜보며 '헛짓거리'니 '욕심' 등 비판쏟아내며 '이번엔 이재명'이란 의견제시도

대구 민심 대변한 것 같아서

대구 민심이 크게 흔들리고 있는 모양세, 국힘 후보 교체 두고
"반장 선거도 이리 안 해"라며 노골적 실망 표시, 표시가
표심 안 될지? 표시나 표심이 대구 민심 대변한 것 같아서

승리가 덕목이어서

표 앞에서는 지조고, 이념이고, 체면이고 없어, 목표는 '이기고 봐야
정치학 용어론 '너 죽고 나 살쟈, 살기 위해선 지조
이념·체면 아무짝에도 필요 없는 덕목이여, 승리가 덕목이어서

'흔들리는 가슴의 바람소리'

대구 유세, 이재명, '이젠 바꿔보쟈', 김문수, '침 뱉었던
박정희 무덤에 꽃다발, 이준석, '김문수 흘러간 물'
내면의 목소리는 있는데, 다만 안 들릴 뿐, '흔들리는 가슴의 바람소리'

당내에서 살아남아야

김문수, 승리냐 실패냐 보다 사느냐 죽느냐에 방점 윤석열 퇴출하고 계엄 사과하면 당내에선 살 수 있을 듯, 대선에선 국민 몫이니 국민 뜻에 따라야, 그 전에 우선 당내에서 살아남아야

■ 시집 평설을 대신해서_諷詩調에 대한 사계의 견해

三行詩의 안팎

문덕수(전 예술원 회원)

1.

　박진환의 三行詩Ⅷ『諷詩調』를 읽고 느낀 바가 많지만 다 말할 수는 없을 것 같다. '諷時調'라고 하지 않고 '諷詩調'라고 한 것은 '시조(時調)'와는 다른 장르임을 말하는 것이 분명하고, '풍조시(諷調詩)'가 아니라 '풍시조(諷詩調)'라고 한 것은 이와 유사한 다른 장르명의 어순을 따를 필요가 없음을 암시한 것 같다. 어쨌든 '풍시조(諷詩調)'는 다른 누구의 것도 아닌, 바로 박진환의 장르다. 그가 풍시조의 시조요, 창업자다.
　'풍시조(諷詩調)'의 '풍(諷)'은 '풍자(諷刺, satire)'일까. '풍유(諷喩, allegory)'일까(諷諫, 기자(譏刺)라는 말도 있다). 풍(諷)은 '言十風(음)'으로 된 글자인데, 떨리는 소리로 낭독하는 것을 풍송(諷誦)이라고 하고, 바람이 나뭇가지나 이파리를 흔들듯이 사람의 마음을 움직이는 것을 '풍(諷)'이라고 한다. '풍자'는 후자에 해당한다. 그러나 이러니저러니 따질 필요는 없다. '시작품' 자체가 시론이기 때문이다. '풍시조'의 정체는 박진환의 작품에 있다고 하겠다.

>   달콤한 오수 깨며 띠리링 울리는 벨소리 속 목소리
>   기막힌 부동산 정보 전해 드리려고요
>   너나 기막히세요, 난 귀 열고 매미소리나 벗하리니
>   ─「귀 열고」

　IT매체들(휴대전화 등)을 통해 부동산 중개업자(복덕방)의 이러한 극성스러운 메시지는 시민들이 역겹도록 경험하고 있는 현실이다. 시도 때도 없는 각종 정보 발신에 시민들이 무방비 속에 시달리는 것은 정보공해라고 할 수 있다. 이 시는 요즘의 이러한 부동산 시장의 상황과 정보공해가 전제되어 있고, 이러한 상황을 어느 정도 공유하고 있는 독자에게만 공감이 절실할 것이다. 풍자건 유머건 간에, 독자의 다양한 지적 교양이 전제된다는 점에서 지성적 활동이라고 할 수 있다(박진환을 '주지시'의 계열의 중요시인으로 보는 것도 이 때문이다).

2.
　왜 3행시일까. 20행, 30행의 장시나 산문시면 안 되는가. 초·중·종장과 같은 3행이지만, 시조의 율조와는 관계가 없다. 종장 '3·5·4·4'와 같은 율조도 지킬 필요가 없다. 음보와도 관계없다. 시조의 3행과 같다는 말도 사실상 난센스다. 그럼에도 3행시로 한 뭔가의 이유가 있지 않을까. 앞에 든 「귀열고」에서 여러 가지 장치를 전지(剪枝)하고 3단논법의 뼈대만 추려 본다.

남을 괴롭히는 전화는 받기 싫다(대전제)
요즘의 부동산 정보전화도 사람만 괴롭힌다(소전제)
그러므로 내게 그런 전화하지 말라(결론)

　이와 같은 논리쇼('화소'라는 말이 있지만 '논리소'라고 해둔다)로 환원시켜 놓고 보면, 「귀열고」는 3단논법의 시상 전개임을 어느 정도는 이해할 수 있다. 상황 제시(대전제, 제1행), 권유나 권고(소전제, 제2행), 거절(결론, 제3행)로 된 3단형이나 구문면에서는 문답형이다. 3단 논법이란 2개 이상의 전제를 제시하고, 거기서 결론을 도출하는 추론형식이다. 2개든 3개든 2행으로 전제를 제시하거나 열거하고, 논리 진행의 반전, 좌절, 총합 등으로 결론을 도출하게 되면 '3단형'이 되지 않을 수 없다. 또 구문상의 '문답형'으로 본다고 하더라도 물음과 답이 각각 1행씩 합해서 2행이 되고, 물음과 대답을 성립하기 위한 전제적 상황 제시가 1행을 차지하면, 이 또한 3행 형식을 취하게 된다.

돈 많은 세상에 돈 없이 배고파하는 꼴이나
물난리에 물이 없어 목말라 하는 꼴이나
사람 중에 사람 없어 정치공황 부황든 꼴이나
— 「꼴이나 꼴이나」

　「꼴이나 꼴이나」도 3단형이긴 하나 논리의 극적 국면(반전, 좌절 등)이 약한, 즉 편평(扁平)한 3단형이다. 더 정확하게 말하면 전제만 3행으로 열거되고 결론이 없는(결론은 독자의 몫으로 남겼다.) 일종의 '나열형'이다. 틀(뼈대)을 추려보면 "풍족 속의 굶주림은 꼴불견이다(제1행), 홍수 속의 갈증은 꼴불견이다(제2행), 인재 귀한 정치 공황은 꼴불견이다(제3행)"의 3단형인데, 대전제·소전제·결론 형이 아니라 단지 전제의 3행 나열에 지나지 않고, 이러한 나열을 총합한 결론은 독자에게 맡겨져 있다. 구문상으로는 '꼴이냐'가 각행의 끝말로 반복(세 번 반복)되는데 귀납형의 방식이라고 할 수 있다. 대전제를 먼저 제시하는 3단 논법형과는 다르다고 하겠다. 3단형이라고 하더라도 여러 가지 성질의 형식이 있으므로, 여기서는 변죽만 건드려본 정도로 그치겠다.

3.

다음엔 실제 작품을 조금 음미해 본다. 「귀열고」는 「夏夜」와 더불어 박진환의 풍시조 중에서 가장 재미있는 작품인 것 같다. 전형적인 작품이라고 해도 괜찮다.

'기막히다'의 활용형(기막힌, 기막히세요)은 문답의 '고리' 역할을 한다. 부동산중개업자와 시적 주체도 연결시켜준다. 그런데, 대답 부분(제3행)의 '기막히세요'라는 '고리'에는 '기막히다(어떤 일이 하도 어이없거나 엄청나서 질릴 정도이다와 같은 부정적 성질의 의미와, 어떻다고 말할 수 없을 만큼 좋거나 정도가 높다와 같은 긍정적 성질의 의미가 공존한다)와 '귀(耳) 막히다' 등의 의미가 공재해 있고, '귀 막히다'는 뜻의 말은 짐짓 잘못 알아들은 것으로 되어 있다. 이 풍시조의 재미는 '기막히세요'라는 고리에 내재된 다채로운 뉘앙스의 삼중 겹침에 있는 것 같다. 여기에 "너나 기막히세요"라는 독백 형식의 대답에는 "너나 잘하세요"(영화 「친절한 금자씨」의 주인공이 한 말)도 연상되고, 더 지적으로 민감한 독자라면 "사또님 말씀이야 다 우습지"나 "사돈네 남의 말 한다"와 같은 속담도 연상하게 될 것이다. 또 2인칭 대명사 '너'와 높임말인 '기막히세요'는 존대법상 일치하지 않는다. 이러한 문법적 불일치도 미적·풍자적 효과에 한몫 더한다. 말하자면 독자의 지적 수준에 따라 그 웃음과 재미가 증감된다. 아마 이러한 시적 장치의 전부를 담아 뭉뚱그리기에 적합한 가장 간결한 형태가 3행시가 아닐까도 생각된다.

> F킬라를 뿌리듯 이발사가 내 머리에 스프레이를 분무한다
> 내 머리를 모기나 파리 대가리쯤으로 아는 모양이다
> 하긴 싹싹 손 비비고 남의 피나 핥았으니 그럴 법도 하지
> ― 「이발소」에서

전제가 되는 부분의 열거를 1행, 2행에 배당하고, 그 전제를 근거로 제3행에서 결론을 도출한 3단형이다. "이발사가 내 머리에 스프레이를 뿌린다(제1행), 나를 모기나 파리로 간주하는 것 같다(제2행), 아첨하고 착취했으니 이발사의 행위는 당연하다(제3행)"는 것이 이 풍조시의 뼈대다. 추린 논리소다. 그러나 이 논리 속에는 의도적 곡해(曲解)와 사회를 향한 우회적 공격이 숨어 있다. 논리 속에 숨은 이 장치의 이해가,

이 풍시조 수용의 전제가 된다.

특히, "싹싹 손 비비고 남의 피나 핥았으니"에서, 1인칭(모기나 파리의 1인칭)인 '나'의 비하(卑下)를 통해서 파리나 모기와 다를 바 없는 자신이 바로 사회의 무고한 사람들에 대한 침입자나 가해자였음을 폭로한다. 자기가 바로 풍자의 칼날에 희생되어야 할 대상이며, 자신의 비하가 공격과 비판을 위한 칼날 갈기의 전제라는 아이러니를 본다. 일종의 도회(韜晦)의 비늘이라고 할까. 새디즘과 매저키즘은 동전의 양면이라는 심리분석도 이 경우에 해당될지?.

> 夏! 정말 덥다, 夜! 시원하다
> 夏夜보다 더 신나고 시원한 것 없을까
> 없긴 왜 없어, 下野란 말 있잖아
> ―「夏夜」전문

「夏夜」는 문답형 중의 자문자답형이다. 독백형 자문자답이다. 두 개의 전제에서 의외의 결론을 끌어낸 3단 형태라고도 할 수 있다. 제1행의 대전제가 그다음의 소전제와 결론인 대답을 가능하게 해준다. 어쨌든 '夏夜'라는 편(pun)과 더불어 박진환식 풍자와 해학의 가장 돋보이는 전형적인 시다. '夏夜'에 내포된 골계미와 풍자성을 분석해 보자.

'하야'라는 시니피앙에는 1)계절로서의 夏夜, 2)'하! 야'라는 반응의 감탄사, 3)하야(下野)라는 시니피에가 겹쳐 있다. 반복하면 시니피앙의 한 덩어리 속의 세 시니피에가 꼬리를 물고 꼬여 메비우스의 띠처럼 회오리친다. 특히 '하야(夏夜: 下野)'라는 말이 지닌 풍자성이 시 전체(1행, 2행, 3행)에 삼투되어 방사(放射)한다. 웃음 속에 감추어진 칼날을 보는 것 같아 섬찟하다.

4.
끝으로 풍시조 1편과 외국의 우화 1편을 비교해 볼까 한다. 대상은 둘 다 '중동(中東)'이다.

열사의 불 먹고 사는 탓에 제 버릇 못 버려 즐기는 불장난
석유까지 불을 뿜어대니 연일 불바다지
얼음을 먹어야 식히는데 中東엔 仲冬이 없으니
―「仲冬이 없으니·1」

이것은 일종의 '편'이다. 「夏夜」에 비하면 편의 구조도 퍽 단순한 편이다. 페르시아만(아라비아만)의 해변에 '개구리' 한 마리가 햇볕을 쬐고 있는데, '전갈(scorpion)'이 와서 바다 건너 저쪽 언덕까지 등에 태워 건너달라고 부탁한다('전갈'은 몸속 독낭에 못 모양의 독침이 들어 있는 동물이다).

"싫어. 넌 전갈 아냐. 날 찔러 죽이려고"
"바보 같은 소리" 내가 찌르면 너도 죽지만 나도 익사하지 않는가. 잠시 생각한 끝에 개구리가 말한다.
"그렇군. 그럼 내 등에 올라타"

전갈을 등에 태운 개구리가 아라비아 바다를 건너기 시작한다. 바다 복판쯤에 왔을 때, 전갈은 갑자기 독침을 꺼내어 개구리를 찔러 버렸다.

"왜 이래?"

전갈이 대답했다. "여긴 중동(中東)이야."

유머지만, 이것은 '우화'의 형식을 취하고 있다(박진환도 '우화' 쪽으로 발전할지도 모른다). '개구리'는 아라비아만으로 관광 온 유럽인인지도 모른다. 그러나 이 조크에 등장하는 '전갈과 '개구리'의 본의(本義)가 각각 유럽과 중동 중에서 어느 쪽인가에 따라 작품 전체의 이야기가 달라지고, 공격의 대상도 반대가 된다. 그러면 박진환의 풍시조의 공격 대상은 누구인가. 중동만이라고 할 수 없다. 여기서 해학이건 풍자건 그 속에 감춘 예리한 '날의 현동화(現動化)가 실은 얼마나 어렵고 미묘한 것인가를 시사한다. 특히 「전갈과 개구리」의 경우, 그 균형(balance) 잡기의 어려움을 실감하게 된다.

나는 오늘의 한국시의 지형도를 그려본 적이 있다. 1)전통과 서정(전통적 서정시), 2)메시지와 관념(관념시, 생태시), 3)이미지와 물리성(언어 이미지시), 4)탈관념의 실험(탈관념시), 5)주지적 처리(주지시) 등이 그것이다. 한국시의 동서남북이라고도 할 수 있다. 우리 시단의 특색 있는 시의 중요한 작품들은 일단 이 지형도로 배열, 배치할 수 있다. 우리 시의 현황이다.

나는 박진환의 최근작(3행의 풍시조)을 주목하면서 '주지시'

의 장르로 보았다. 지금도 나는 이러한 자리매김을 후회하지 않는다. 김춘수는 박진환의 풍시조에 대하여 『하여지향(何如之鄕)』을 쓴 송욱의 '전철'을 밟고 있다고 했지만, 나는 송욱과 '같은 계열'이라고 보지, '전철'이라고는 생각하지 않는다. '풍자의 노끈'으로 송욱과 박진환을 칭칭 묶어 버리는 것도 가능하나, '풍자'가 있는 '주지(主知)의 토포스' 속에 자리한 박진환의 거처가 지닌 의미의 진폭을 이해할 필요가 있을 것 같다. 풍자, 해학, 펀, 아이러니, 비꼼, 조롱 등은 '주지시'의 자원이긴 하나 이것만이 전부는 아니다. 이러한 주지시는 송욱, 김현승, 김광섭 등을 거쳐 김기림(金起林)의 장시 『기상도(氣象圖)』(1936)에 이른다는 사실을 이해한다면, 주지의 여러 가지 자원이 뭣인가를 짐작할 수 있다. 『기상도』가 지닌 주지적 풍부함의 목록을 일일이 확인할 필요가 없을까.

이야기를 많이 에둘렀다. 다시 「仲冬이 없으니·1」과 「전갈과 개구리」 이야기가 지닌 한 가지 토픽도 주지(主知)가 지닌 여러 가지 목록 중의 하나다. 지성은 억제와 조절에 바탕을 둔 '균형'을 강조한다. 형이상적 존재의 인식, 그 인식이 지닌 초월성의 자기화(自己化)에 의한 시선의 확보, 그 중의 풍자적 시선이 공격 대상을 선정하는 일에 도리없이 참여하는 '균형'은 특히 중요하다. 저울대의 무게와 추가 형평을 이룰 때 '풍자'는 더욱 빛날 것이다.

■ 시집 평설을 대신해서_諷詩調에 대한 사계의 견해

知的調律에 의한 시 意味의 密度와 結晶度
－『諷詩調』의 창간에 부쳐

성찬경(전 예술원 회원)

문예지 『풍시조(諷詩調)』가 창간되었다. 때는 2008년 초여름이고, 앞으로 계간지로 계속 발간될 것이라는 예고다.

문예지라고 했지만, 문예지치고는 매우 특수한 성격을 지니는 문예지다. 우선에 소설은 배제된 시 전문지이지만, 넓은 범위의 시 일반을 싣는 것이 아니라 '풍시조(諷詩調)'란 새로운 시적 유형과 범주에 속하는 시만을 모아서 엮는 시지이니, 이를테면 시단 안에서도 특수 전문지의 성격을 갖는다. 흔히 취미 오락 등을 다룬 잡지에 낚시니 등산이니 바둑 등을 전문으로 다루는 잡지를 보게 되는데, 『諷詩調』는 시 안에서도 독특한 장르만을 대상으로 하는 일종의 전문 시지(詩誌)인 셈이며, 우리나라 시사(詩史)와 시단의 현황이 어언 여기에까지 이르렀는가 하는 감회를 갖게 된다.

여기에서 좀 더 차분히 『諷詩調』의 출현을 지금까지 키워 온 그 뿌리와 수맥을 살펴볼 필요가 있다. 말할 것도 없이 이

『諷詩調』의 근본이 되는 자양적 모태는 박진환 시인이 약 30년에 걸쳐서 전개해온 넓은 의미에서의 지성시(知性詩) 운동이다. 박진환 시인은 이러한 지성시의 구체적인 전개방법으로서 '형이상학시'의 기치(旗幟) 아래, 이른바 변용의 시를 추구해온 것은 세상이 다 아는 바다.

변용의 시도 실은 그 개념의 범주가 좁다 할 수는 없다. 더 구체적으로 말하면 시에서의 위트, 컨시트, 또는 편과 같은 기법을 활용하여 시의 정서적 구조를 지적 구조로 바꾸고, 그럼으로써 시를 의미의 밀도에서 좀 더 경질(硬質)의 것이 되게 하려는 시적 추구를 말한다. 그리고 이것은 그 시적 추구에서 17세기 영국의 '형이상학파' 시인들의 추구와 그 맥이 통한다는 사실도 우리가 알고 있는 바와 같다.

여기에서 박진환 시인의 이러한 시적 추구가 우리 시의 현실적 상황과 어떠한 관계에 있는가 하는 점을 살필 필요가 있다. 현재의 우리 시는 한 마디로 지성이라는 영양소의 결핍 증세가 심한데, 또한 그것을 자각하고 있지도 못하다는 것이 나의 솔직한 판단이다.

시에서 지성이 하는 구실은 일종의 조화 감각이라 할 수 있다. 시가 너무 한쪽에 치우치는 것을 막아주는 감시의 역할을 하는 것이 바로 지성이다. 그래서 시에서 지적 요소가 부족하면 시가 한쪽으로 치우치는 것을 막지 못한다. 시에서 눈물이 너무 많아진다거나, 지나치게 격정에 사로잡힌다거나 정서의 내용이 너무 가냘퍼진다거나, 또는 지나치게 괴기해진다거나 하는 현상이 모두 지성적 작용의 결핍에서 오는 증후라 할 수 있다.

 문예지 『조선문학』을 중심으로 하는 한 무리의 문인들이 문학에서 지성적 구실을 강조하고, 줄기차게 우리 문단에서의 이러한 허점을 보완하고자 한 문학적 공헌에 대한 평가에서 우리는 몰인식과 소극성을 벗어나지 못하고 있는 것이 아닌가 하는 것이 역시 나의 생각이다.

 이번에 발간된 『諷詩調』는 박진환 시인이 벌여온 시운동의 더욱 정제된 결정과도 같은 것이며, 이것을 일종의 '문학적 발명'이라 해야 마땅할 것이라는 생각이 든다.

 어느 시대에 있어서나 문학의 새로운 양식은 그것이 하나의 새로운 발명임을 의미한다. 그리고 진정한 의미에서의 '발명'이라면, 얼핏 보아 아무리 하찮게 보이는 것일지라도, 거기에는 발명자의 많은 시간과 피땀과 노고가 스며있음을 잊어서는 안 된다. 시에 있어서도 마찬가지다. 시의 새로운 체질과 양식과 장르의 발명이 실은 시인들의 끊임없이 노력하고 추구하는 목표이기도 한 것이다.

 '諷詩調'의 출현 역시 결코 하루아침에 이루어진 우발적인 출현이 아님은 말할 것도 없다. 지금까지 박진환 시인이 시도해온 많은 '3행시'와 '諷詩調'가 그 싹이 되어 피어왔음은 물론이다.

 『풍시조(諷詩調)』가 갖는 새로운 체질적 특색을 간단히 살펴보겠다. '諷詩調'가 우리 고유의 전통적 시가의 형식인 '시조(時調)'와 체질적 연관성이 있음은 물론이다. 諷詩調의 구성이 3행으로 돼 있는 점이 초중종 3장으로 돼 있는 시조와 일치한다는 것에서도 이 일을 알 수 있다. 원래 시조의 초중종 3장도 시조보다 더 뿌리 깊다 할 수 있는 동양 고유의 한시(漢詩)의 기승전결에서 나온 것임을 우리는 짐작할 수 있다. 4행 1연을 기본 단위로 하는 기승전결은 사실 동서고금의 모든 시적 감흥의 기본 틀이기도 하다. 다만 시조의 경우 종장에 해당하는 3장에서는 '전(轉)'과 '결(決)'이 한 행에 압축됨으로써 4행의 경우보다도 더욱 극적 효과와 시의 긴장감을 높여주고 있다.

이와 같이 諷詩調는 시조와 일맥상통하면서도 예술적 감흥을 겨냥하는 데에서는 시조(時調)와 사뭇 다르다. 곧 시조의 시의 뜻을 한자의 때시 '時'에서 글시 '詩'로 바꿔놓은 데서 그 겨냥하는 바를 짐작할 수 있다. 시조(時調)가 그 주제를 시대적 풍습에 맞추려는데 두고 있다면, 諷詩調에서는 시류(時流)를 넘어서는 작품으로서의 시적(詩的) 가치를 높이려는 의도가 숨어 있으며, 이런 점에서 '諷詩調는 이른바 순수시(純粹詩)와도 그 방향을 같이 하게 된다.

'시조(詩調)', 곧 시의 흐름에 또 '풍(諷)' 자가 결합되어 있으니, 이것은 또 어떤 의도를 품고 있는 것일까. 여기에서 '풍(諷)'자는 박진환 시인이 시지의 '창간사'에서도 밝히고 있는 바와 같이 시에 넓은 의미의 풍자성(諷刺性)을 담으려는 의도와 다를 바가 없으니, 이 풍(諷)의 개념에는 시에서 전개할 수 있는 지적 작업 일반의 여러 항목이 두루 포함돼 있으며, 위트, 아이러니, 새타이어, 시니시즘(비꼬움) 등 표현상의 역설적 기법이 종횡으로 등장하게 된다.

그리고 이러한 풍자는 그것이 일종의 지적 응징의 구실을 하게 되는 것이며 이와 같은 응징의 숨은 의도는 바른 사회, 꼴불견인 시류적인 속물(俗物)들이 사라지는 사회, 양식이 통하는 밝은 사회의 출현을 바라보는 것이니, 깊은 뜻에서는 이 풍자의 정신이 곧 인도주의적 염원과도 일치한다는 점을 간과해서는 안 될 것이다.
'諷詩調'의 보기로서, 박진환 시인이 전, 현직 대통령을 소재로 풍자한 시를 보려 한다.

> 노랗게 노랗게 노자로 시작해서
> 나리나리 개나리 리자로 끝나면 무슨 나리게
> 개나리, 노노노 무식하긴 노나리지
> —「개나리」

> 이명박 대통령 임기 끝나 퇴임하는 날이 2012년 12월 26일
> 이날에 맞춰 돌아가는 시계가 이명박 시계란다
> 시작이 엊그젠데 퇴임 날 꼽아가며 돌아가는 시계가 있다니
> —「이명박 퇴임시계」

편과 시니시즘과 새타이어가 2중 3중으로 얽히고 꼬인, 고도로 지적인 시적 작업임을 알 수 있다. 이보다 더 따끔한 응징적 일침이 또 있겠나.
계간지 『諷詩調』는 이제 막 창간되었기 때문도 있겠지만, 아직 동인지의 성격을 완전히 벗지 못한 느낌도 없지 않아

있다. 앞으로 이런 점도 차츰 보완이 되리라 믿어지며, 이 시지가 잘 성장하여 응분의 구실을 하게 될 것을 나는 축원의 시선으로 바라본다. 그렇다 하더라도 일관성 있는 '지성시'에의 헌신과 노고가 정당한 평가를 받게 되는 날이 우리 시사(詩史)에서 언제 찾아올 것인가.

■ 시집 평설을 대신해서_諷詩調에 대한 사계의 견해

諷詩調의 깃발과 風向
- 새로운 시 운동에 대하여

김용직(전 학술원 회원)

 극히 최근에 그 모습을 드러낸 諷詩調 운동에는 두 가지 정도의 전략이 내장되어 있는 듯 보인다. 그 하나가 독특한 형태양식 해석이며 다른 하나가 현실 상황을 향한 예각적 공격의식이다. 명백히 현대 서정시의 서부(西部)를 개척하려는 의욕으로 시도된 이 시운동은 그러나 그 형식을 3장 6구를 원형으로 한 단형시 제작을 바탕으로 하고 있다. 3장 6구의 단형시라면 우리 머리에는 곧 한국 전통시가 양식인 시조가 떠오른다. 시조는 국민문학파에 의한 개혁운동 이후 새로운 토대를 마련하게 되었다. 이때부터 시조는 고전시가의 인습적인 면을 벗어나 새 시대의 양식이 된 것이다. 諷詩調는 시조의 이런 틀을 이용하려는 듯 보인다.
 諷詩調는 그 의식성향으로 보아 상당히 공격적이며 호전적이기까지 하다. 그 도마 위에는 정치, 경제, 사회, 문화의 문제만이 아니라 개인의 윤리, 도덕적인 사건까지가 가차 없이 올라 난도질당한다. 그런데 많은 경우 諷詩調의 비판, 공격은 예술적 의장을 거치지 않은 가운데 이루어진다. 諷詩調에서 풍(諷)은 수사론에서 풍자를 뜻할 것이며 고전문학의 감각을 곁들이게 되면 풍간(諷諫)과 같은 맥락에서 해석될 말이다. 풍자와 풍간에 역겨운 현실, 아니꼬운 대상을 꼬집고 공격하는 단면이 내포되어 있는 것은 사실이다. 그러나 그런 경우의 비판, 공격은 진술의 형태로 이루어지는 것이 아니라 비유의 형태를 취하는 것이 바람직하다.

풍자문학에서 직접적 언술(言述)이 아니라 간접적인 기법이 이용되는 까닭은 단순하다. 많은 경우 시인이 아니꼽게 생각하는 대상은 한 시대와 사회에서 강한 힘을 가진 개인이거나 집단과 그 부수 형태인 제도나 규범들이다. 그들을 진술의 차원에서 공격하는 경우 작품들은 즉각 압수, 폐기되고 그 제작들은 연행, 구속될 위험에 노출된다. 시와 예술이 노려야 할 것은 이런 자살 특공대식 자기표출이 아니다. 이런 감각이 생산해 낸 전략의 결과가 풍자로 해석되어야 하는 것이다.

諷詩調가 3장 형식을 취한 것에 대해서도 이와 거의 같은 이야기가 가능하다. 諷詩調가 3행시의 형태를 이용한 것은 3행시가 한국 전통 시가를 대표하는 것으로 판단된 결과일 것이다. 새로운 시가운동이 국민문학의 자리에 오른 양식의 특성을 이용하는 것은 슬기로운 일이다. 그러나 이 경우에도 우리는 창작활동에서 기본교의 하나를 기억하고 있어야 한다. 모든 창작활동에서 형태는 묵수될 것이 아니라 새롭게 해석, 개척되어 나가야 한다. 국민문학파의 전례가 가리키는 바와 같이 3장 6구의 시조가 갖는 큰 틀은 긍정적으로 계승될 수 있다. 그러나 그 틀 속에 새로운 시로서의 호흡과 맥박은 끊임없이 재창조되어야 한다.

　우리는 모처럼 시도되는 諷詩調 운동이 한국 현대시의 높은 산맥이 되고 푸른 강줄기를 이루어나가기를 희망한다. 이런 소망이 다소간 비판적인 생각을 토로하게 된 셈이다.

■ 시집 평설을 대신해서_諷詩調에 대한 사계의 견해

박진환의 3행 '諷詩調'에 대하여

최원규(충남대 명예교수)

 최근 지속적으로 왕성하게 발표해온 박진환의 삼행시초 '諷詩調야말로 괄목할만한 한국적 단형시다. 더구나 시대적 상황이 사회적으로 굵직한 이슈를 던져주었던 전변의 정치적 관심이 우리 모두를 끌어들이는 시기와 맞물렸기 때문이기도 하다. 이미 정권 교체에 따른 권력의 갈등에서 겪은 일이지만 대선과정에서 마지막까지 문제가 되었던 BBK 사건, FTA, 숭례문 복원, 대운하 찬반, 광우병 등으로 인한 촛불 시위 범람이 쓰나미처럼 휩쓸고 지나갔으며 아직도 그 여진이 계속되고 있다.
 이렇게 불안한 계절에 시인은 이들의 갈등과 부조리를 외면하고 추상적인 언어를 기반으로 하는 사회적 연대감에서 벗어나 강 건너 불구경만이 순수의 미덕인가. 마땅히 지식인으로 가치판단이나 문화적 선악에 동참, 선도의 언어가 필요해진 것이 너무 당연하다. 하물며 시는 시인끼리 담을 쌓고 그 속에 안주해 있는 모습에서 벗어나 시민과 동참 동행하는 시민의식이 필요하다.

이미 우리 시의 역사 속에서도 한용운, 이육사, 윤동주 그들의 평가에서 볼 수 있듯이 그들의 시에서 우리의 의지와 나라를 걱정하는 애국시가 용솟음치기도 하였다. 그런 점에서 이 시대 박진환의 諷詩調야말로 우리 시단의 중요한 뇌관을 건드린 사건이라고 판단된다.

諷詩調는 삼행이라는 점에서 시조와 같으나 구조나 형태적 특질이 시조의 틀을 벗어났을 뿐만 아니라 어귀나 비유법의 방법을 시조와 달리한다. 한편 화제가 되고 있는 시대적 상황을 직접적인 논의와 평가를 요구하며, 아이러니, 패러독스, 유머로 수용한다. 요컨대 박진환의 '諷詩調'는 업투데이트한 시대적 사회시를 전제한다. 그러므로 그의 '諷詩調'는 작중 인물들의 선행이나 악행의 전제를 제시하며 마지막 행에 이르러서는 개선이나 선과 악의 가치판단의 동참을 요구한다.

박진환의 '諷詩調'는 악과 사의 교정을 위한 화해적 개선이라는 점에서 꼬집고, 비꼬고, 깎아내리고, 비아냥하고 비판, 고발, 폭로를 시의 바탕으로 삼되 마지막 의도는 '순수한 통장'을 감행함으로써 풍자시보다는 한 차원 높은 시적 장치를 갖추고 있다는 점에 주목한다.

박진환은 엄격하거나 거창한 테마를 희극적으로 처리하거나 재미와 멸시, 분노와 냉소의 태도를 환기시킴으로써 그것을 약화시키는 기법을 사용한다. '웃음을 무기로 사용하고 작품의 외부에 존재하는 과녁을 겨냥한다. 그 과녁은 개인적인 일일 수 있고, 어떤 계층이나 제도나 국가나 인류 전체에게까지 할 수 있다'라고 전제한다.

요컨대 화자가 단정하는 외견상 주장과 속으로 의도하고 있는 의미가 서로 다른 진술을 할 때 그 진술은 태도나 평가를 명백히 표현하지만 그것과 매우 다른 태도나 평가를 함축하고 있는 것을 포함하는 것이 아이러니의 기술이라고 보았을 때 박진환의 '순수한 통징'을 암시한다. 발음이 같고 흡사하지만 의미는 전혀 다른 같은 소리에 다른 의미를 갖는 말들은 때로 읽는 이에게 가치판단의 격정적인 한편으로 기울게 하기보다 그것을 유보하며 역지사지(易地思之)의 공평성을 유발시키고 화해성을 유도한다.

박진환은 시적인 재담(equivoque)도 있고 때로 언어유희(pun)도 있지만, 그것들은 읽는 이로 하여금 간담이 서늘해지는 경지까지 유발한다. 때로는 '삶 속의 죽음'이나 '쾌락의 고통', '사랑의 증오'들처럼 메타피지컬포에트(Metaphysical poets)들이 사용한 흔적에 영향되었다고 할 수 있으나 박진환의 경우 경고성의 환기에 더 치중함을 볼 수 있다.

마침내 풍(諷), 시(詩), 조(調) 각개의 문자 의미의 내부를 탐색할 때 모두 언(言) 말씀이 들어있다. 말씀[言]은 글[文]과 구별된다. 글은 논리와 절제를 요구하지만 말[言]은 흘러가는 물과 같이 지형이나 지세에 따라 형태가 변하며 응집한다. 그러므로 흐름의 방향은 같지만 물줄기는 즉흥적이며 당대의 상황에 따라 전변한다.

말씀[言]은 바람[風]과 절[寺]과 두루할 주(周)를 더하여 동서남북, 종횡무진, 당대를 섭렵한다. 그리하여 박진환의 '諷詩調는 마침내 세상사의 이야깃거리의 중심부에서 주제할 수 있는 정세의 총화와 전환을 암시한다.

박진환의 諷詩調가 꼭 3행이어야 하는가의 문제에 대하여 신중히 생각해야 한다. 다만 어느 민족이고 그 민족의 정서적 흡인력에 의하여 자연 발생적으로 생겨난 정형적 틀이 있어 왔다. 가령 당시(唐詩)의 4언 또는 7언 절시나 영시의 4행시(quatrain), 이행연귀(couplet), 14행시(sonnet) 모두 각운 구조로 결합된 강약음보격의 시행으로 되어 단일시귀(stanja)의 서정시인데 우리의 고유 문학형태의 시형(시조)들이 3장 6귀의 원칙을 고수한 것은 민족적인 고유성과 기풍(Ethos)에 의한 것이라고 믿는다. 다만 박진환의 경우 꼭 우리의 시조를 의식한 3행시는 아니지만(사실 시조와는 그 정형시로 의미구조의 잣대에 맞지 않음) 정형시로서 규율에 맞는 것이 아닌 자유시로서의 의미를 더욱 확대한다.

외형상 3행시로 처리한 것은 압축과 긴장미의 효과를 살리며 음수율에서 체험할 수 없는 탄력을 보여준다.

그리하여 3행시는 우리에게 낯익고 우리 말의 생태적 관습의 순리에 수용된다. 또한 시의 자연스런 형태의 공감이 일반화되었기에 박진환 삼행시가 우리 시단의 충격파를 더해 간다고 생각된다. 그의 3행 諷詩調의 창출은 우리 시문학사의 새로운 원형을 배가시킨 원동력이 될 것이며, 한편 시적 표현 미학에서 잡다한 외래적 수용의 난맥상을 제압하는 데 주요한 길잡이가 될 것이다.

박진환의 3행 '諷詩調'는 시조(時調)와 동자이의어(同字異義語)로 우리에게 새로운 정형성의 모델을 제시한다. 그러므로 우리 현대시가 지닌 무모한 율격이나 시적 주제의 미숙성 또는 혼미성을 극복하는 데 따른 주제시로서 확실한 언덕이 형성된 셈이다.

■ 시집 평설을 대신해서_諷詩調에 대한 사계의 견해

풍시조 읽기

문효치(전 문협 이사장)

　박진환 시인의 諷詩調를 읽었다　풍시조(諷詩調)라는 낯선 이름에 대하여 저자는 풍자시를 줄여 풍시라 하고 거기에 무슨무슨 투나 태도의 뜻으로 죠(쪼.調)를 붙였노라고 설명하고 있다. 그러니 諷詩調의 본질은 풍자시일 듯하다.
　우선 재미있다. 식상한 이미지들의 나열이나 아니면 거의 산문화 되어버린 요즘의 시들에 입맛을 잃었는데 이 諷詩調는 매우 신선한 재미를 느끼게 해 준다.
　세상은 부조리와 불합리와 부정 불의 등으로 가득 차 있다. 이러한 세태가 우리를 짜증나게 하고 화나게도 한다. 살맛을 잃게 한다. 정말 살맛을 잃게 하는 재미없는 제재를 박진환 시인은 재미있는 시로 만들고 있다.

　핵, 우리도 그간거있어 평평터지는 국제특허품 不字標 핵 있어
　　　　불평등·불공평·부조리·부정부패·부동산 투기까지

건들면 폭발하는 순 국산 不字標 핵 있다고, 까불고 있어
— 「까불고 있어」 전문

  불평등 불공평 부조리 부정부패 부동산 투기 등 우리사회에 만연한 부정적 요소들, 이것들은 가히 우리 사회를 파괴시킬 만한 위력을 가지고 있다. 정말 심각한 문제다. 이런 사항들을 '不字標핵'으로 둘러댄 그 재치가 재미있다. 그래서 이 시를 보면 일단 웃음이 난다, 진짜 핵을 '그깐거' 라고 대수롭지 않은 존재로 봄으로써 不字標 핵의 위험성을 한껏 고조시켜 놓았다. 내용은 매우 심각한 문제성을 가지고 있지만 표현된 말들은 우리를 재미있게 해 준다.
  '까불고 있어'라는 끝절은 상대방(진짜 핵을 가진 자)에게 눈을 흘기며 짐짓 어깨를 으쓱거리는 모습을 떠올리게 해 준다. 다소 장난기가 보이는 모습을 연상하면서 시인의 재치를 다시 한번 실감케 해 준다.
  이러한 부조리 불합리한 사태를 능란한 솜씨로 비꼬고 농락함으로써 독자들은 후련한 카타르시스를 느낀다. 내가 미처 하지 못한 앙갚음을 대신 갚아 주는 것 같기도 하고 어쩌면 내 심정을 잘 알아주는 것 같기도 하다.
  이 책은 멸시 분노 증오의 정서를, 비꼼 냉소 조소 조롱 역설 등의 언사로 가득 채워 놓았다. 그러나 궁극으로는 교정·교훈의 의지가 숨겨져 있다.

  뭐라구라우, 사람 낳고 돈 낳제 돈 낳고 사람 낳다구라우

>   허허 이 양반 순 구식이네
>   신식으론 돈 낳고 사람 낳제, 사람 낳고 돈 낳고가 아니여
>   —「뭐라구라우」 전문

 돈 낳고 사람 낳은 것은 불변의 진리이다. 그러나 신식으로는 돈 낳고 사람 낳았다고 큰소리친다. 그러나 이것은 역설이다. 화자가 진짜로 하고 싶은 말은 이른바 구식인 '사람 낳고 돈 낳다'는 말이다. 이것이 뒤집힌 세상, 전도된 가치에 대해서 일갈하고 꼬집은 것이다. 그리고 그에 대한 반성과 교정을 꿈꾸고 있는 것이다.
 삼행으로 압축한 단아한 모습의 시형에도 주목하고 싶다. 말 그대로 촌철살인의 짤막한 말이 감동을 준다. 요즈음 장황한 수다를 늘어놓는 시들이 범람하면서 이렇게 간결한 시들이 그리워진다.

>   나라님 물러나면 낙향하여 통나무집 짓고 시나 쓰며 살겠단 말
>   아무래도 허사같다. 시는 말을 아끼고 줄이는 언어경영인 것을
>   저리 말이 헤퍼서야 어찌 말의 진수에 닿을 수 있을지
>   —「아무래도 허사 같다」 전문

 듣기 좋은 수다로 대중들을 현혹하며 실천보다는 말을 앞세우는 정치인을 비꼬며 질타하고 있지만 한 편 짤막한 시론을 엿볼 수 있는 시다. 그렇다. 시는 '말을 아끼고 줄이는 언어경영'인 것이어서 '말이 헤퍼서'는 안 될 일이다.

삼행은 우리의 눈에 익숙하다. 어려서부터 시조를 읽고 배워왔기 때문이다. 물론 시조의 형식에 맞춰 음수율을 조절한 것은 아니지만 그 속에 기승전결의 구조를 가진 것들이 많은 것도 이해하기 쉬운 대목이다.

지금이 바로 이러한 시들이 필요한 시대인 것 같다. 잡지마다 넘쳐나고 있는 산문조 요설이 시성(詩性)을 잠식하고 있고, 그리고 비꼬고 조롱하고 비난하고 질타해야 될 일들이 많은 세상일수록 그러한 세태를 지적하고 경계하며 교정해야 하기 때문이다. 시가 궁극적으로는 인간을 위하고 옹호하는 것이라면 시가 이러한 일에도 적극 관심을 가져야 할 것으로 생각한다.

■ 시집 평설을 대신해서_諷詩調에 대한 사계의 견해

諷詩調에 나타난 형이상시의 수사법

최규철(시인·문학평론가)

들어가는 말

어느 사회학자는 '농경사회의 삶이 시간 잉여(時間剩餘)의 시대였다면 오늘날과 같은 정보화 사회는 시간 기근(饑饉)의 시대라'했다. 그것은 그 정도로 오늘의 시대가 시간에 쫓기며 살아가는 고속화 시대를 맞이하고 있다는 것이다. 따라서 이러한 고속화 사회에 사는 현대인들의 문학작품에 대한 선호도 역시 장편소설보다는 단편소설을, 장시보다는 단시를 더 선호하는 경향이 있다. 특히 시에 있어서 현대인들의 구미에 맞는 시는 짧으면서도 그 속에 다분한 내용을 함축함으로써 큰 감동을 주는 시라 하겠다. 이런 시대적 요구에 부응하는 시가 바로 박진환 시인이 착안하고 시운동을 전개하고 있는 諷詩調이다.

諷詩調의 기법은 형이상시의 레토릭(rhetoric)과 흡사한 면이 많다. 컨시트의 기발한 지적 놀라움, 서로 상반된 양극화의 결합과 그 조화, 역설과 반어(反語), 시의 순수한 통징을 통한 내적 울분의 해소와 사회 구조악(構造惡)의 개선 등이 바로 그것이다.

특히 3행시의 짧은 글 속에 함축된 내용과 그 여운을 담기 위해서는 압축적이고 생략적인 구문이 필요하다. 따라서 각 행의 전환 및 반전이 빠르게 전개되는 특색이 있다. 이것은 양극화의 긴장이 팽팽할수록 행과 행의 전환속도가 빠르고 생략과 압축의 미학이 더욱 살아난다.

필자는 그동안 지면을 통해서 3. 4회에 걸쳐 언급해온 諷詩調 시학에 대한 이론을 총괄하고 종합하여 주로 諷詩調의 형이상시적 유사성과 레토릭(rhetoric) 기법의 측면에서 접근해 보고자 한다.

1. 諷詩調의 순수한 통징

諷詩調는 일종의 풍자시의 성격을 띤 시라 하겠다. 풍자시의 사전적인 정의는 부정부패와 비리 현상과 모순 등을 다른 사물에 비유하여 폭로와 공격 일변도의 시를 말한다. 즉 풍자시라고 하는 한자가 풍자할 풍(諷) 찌를 자(刺)로 명시한 바와 같이 모든 죄악상을 어떤 사물로 빗대어 찔러 고통을 가하게 하는 일종의 보복성을 뜻하는 성격을 내포하고 있는 시가 대부분이다. 그러나 諷詩調에서 말하는 순수한 통징의 주된 목적은 諷詩調를 통해서 죄의 아픔을 느끼게 할 뿐만 아니라,

뉘우치고 돌이켜 새롭게 변화하게 하는 데 주력하는 시의 기 능을 말한다. 다시 말하자면 죄의 부패성에 대해서 단순히 찌 르고 고통을 가하게 하는 데 그치는 것이 아니라 메스를 가 하고 수술을 함으로써 병을 낫게 하는 데 그 목적이 있음을 말한다.

그러나 여기서 주의 깊게 보아야 할 것은 수술을 가하되 고 통을 없애게 하기 위해 마취제를 동시에 투여하는 방법을 취 하고 있다는 사실이다. 즉 유머를 통해서 웃음을 주고 즐거움 을 줌으로써 그 고언을 달게 받아들이고 소화시킬 수 있는 기능을 지녔다는 것이다. 諷詩調의 통징이야말로 우리의 뇌에 서 일종의 모르핀이나 엔도르핀과 같은 호르몬을 분비하게 함으로써 무통수술을 하게 하고 오히려 미묘한 시적 희열을 주게 하는 절묘한 수술비법을 의미하고 있다. 諷詩調의 작가 들은 이런 諷詩調의 순수한 통징의 특성을 숙지하고 이러한 순수한 통징의 기능을 살리는 데 노력해야 할 것이다. 諷詩調 에서 이러한 순수한 통징이 살아있지 못한다면 그것은 諷詩 調로서의 시적 역할을 다한 시라 볼 수가 없다. 諷詩調의 생 명이 바로 여기에 있다 할 수 있기 때문이다.

참으로 諷詩調의 순수한 통징이야말로 오늘과 같은 종말론 적인 징조를 토로하고 인류의 구원을 갈구하게 하는 시대적 사명의 성격을 띤 시라 하겠다. 현대사회는 갈수록 첨예한 양 극화 조성으로 인한 양자구도의 대립상이 심화되고 있다. 오 늘날 정치 경제 사회 문화 전반에 걸친 인류사회의 갈등과 분쟁이 바로 이런 극단적인 양극화 현상에서 오는 결과라 하겠다. 그렇다면 현대시가 어느 때까지 이를 외면하고 오히려 음풍농월(吟風弄月)만을 일삼아야 하겠는가. 시가 인생문제로 깊이 들어가서 이런 양극화 문제를 해소하고 하나로 융합하는 화해와 일치의 시학으로 발전해가야 할 것이 아닌가. 그러한 의미에서 諷詩調 운동의 필연성이 강조된다.

 더욱이 환경오염으로 인한 생태계의 훼손과 대기오염으로 인한 오존층의 파괴, 그리고 지구 온난화에서 발생하는 엘니뇨현상 등으로 인류의 생존 문제에 심각한 적신호가 켜있다. 이런 각박한 상황에서 탈출하기 위한 녹색시학 운동의 전면에 諷詩調가 자리하고 있음을 알 수 있다.

 시인은 예언자적인 예리한 눈을 자지고 미래사회의 변화를 직시하면서 오늘의 잘못된 과오를 지적 감동을 통해서 깨닫게 하는 순수한 통징에 무한한 관심을 쏟아야 한다.

> 세상이 왜 이러나 유행병처럼 자살·자살·자살
> 마음 한 번 고쳐먹으면 살자·살자·살자가 되는데
> 뭐 그리 좋은 거라고 일편단심 자살이람
>   ― 박진환의 「뭐 그리 좋은 거라고」

 한국인의 자살률이 OECD 30개 회원국 가운데 1위를 기록하는 불명예를 안고 있다. 연예계의 인기 스타들과 대기업의 총수들이 잇따라 자살을 하고 심지어 전직 대통령까지도 스스로 목숨을 끊음으로써 사회적 충격이 크다.

박진환 시인의 諷詩調「뭐 그리 좋은 거라고」는 1행의 자살·자살·자살이라고 하는 부정적인 죽음의 개념과, 2행의 '살자·살자·살자'라고 하는 긍정적인 생명의 개념을 양극구도로 서로 거꾸로 뒤집어 대치해 놓음으로써 기발한 위트와 유머를 돋보이게 한다. 이러한 諷詩調의 기능이야말로 격한 자살충동을 완화시켜 줄 뿐 아니라 생에 대한 강력한 의욕까지도 유발하게 하는 시적 감동을 가능케 한다. 여기서 諷詩調의 풍자 속에 담고 있는 간절한 회심에의 바람이 '마음 한번 고쳐먹으면'이란 말로 표현되고 있다. 이것이 바로 諷詩調가 지닌 순수한 통징의 힘이다.

> 피를 빨아 먹는 모기 잡는데 의견이 분분하다
> 정치가 어떻고 법이 어떻고 대통령이 어떻고
> 입으로 모기 잡나? F킬라를 뿌려야지
> ― 박진환의「입으로 모기 잡나」

　이 시는 그 제목부터가 웃음을 터트리게 하는 유머가 있어 마음을 끈다. 이 시 속에 감추어 있는 암시성과 시사성(示唆性)이 모기와 F킬라라고 하는 기발한 메타포를 통해서 큰 감동을 준다. 정계와 법조계의 부패상을 바로잡는, 즉 '피를 빨아 먹는 모기를 잡는데'에는 입으로 하는 설왕설래(說往說來)로써는 근절될 수 없다는 것이다. 특히 수사법 중에서 변화법의 하나인 '입으로 모기잡나?'라고 하는 설의법으로써 F킬라라고 하는 정답을 독자에게 물어 찾아내게 하는 레토릭으로써 스스로 개혁의지를 촉발하게 하는 순수한 통징이 돋보인다. 찌르고 자르고 쪼개는 메스질이 가해짐에도 불구하고 뇌에서 분비되는 모르핀을 통해서 즐거운 마음으로 웃고 수긍이 가능케 하는 회심과 변혁의 비법이 있다.

2. 諷詩調가 갖는 컨시트의 특색

 형이상시의 컨시트(奇想, conceit)는 형이상시의 특징 중에서 가장 중요한 특징의 하나라 할 수 있다. 외견상 전혀 유사성이 없거나 상반되고 양극화된 사물이나 상황들을 재치 있고 기발한 방법으로 결합하여 소위 사무엘 존슨(Samuel Johnson)이 언급한 '부조화의 조화'를 이루게 하는 비유적인 수사법을 말한다.
 그러나 諷詩調에서 보여주는 컨시트의 특색은 형이상시에서 말하는 그것과는 사뭇 다른 양태의 컨시트를 볼 수 있다. 3행시 구문의 생략적인 특성 때문에 행과 행, 낱말과 낱말, 심지어는 문자와 문자로부터 서로 상반된 사물이나 개념의 명칭과 발음 등을 찾아내고 거기서 특별한 의미성을 유추하여 또 다른 의미를 창출해내는 언어유희적인 기발한 컨시트를 선보이고 있다. 이런 관점에서 볼 때 諷詩調의 컨시트는 단순히 두 가지 사물이나 개념을 교묘하게 결합하여 뜻밖의 유사성을 찾는 기존의 형이상시의 컨시트와는 다른 특성을 지니고 있다고 하겠다.

> 대통령 국정평가 잘했다가 44.2% , 못했다가 41.1%
> 막상막하, 정치란 게 그래
> 上 뒤집으면 下 되고, 下 뒤집으면 上 되거든
> ― 박진환의「物神時代·216」

　국민이면 누구나 알게 모르게 다 정치에 젖어 살면서 나름대로의 정치철학, 내지 생활철학을 가지고 있다. 그래서 3행에서 '정치린게 그래'라 토로한다. 이런 지적 깨달음을 풍자적으로 소화시켜 표현하기란 그리 쉬운 일은 아니다. 이런 이유 때문에 민감한 사안을 받아들여 유머로 웃어넘길 수 있고, 감동 받아 깨달음을 갖게 하는 諷詩調의 기법에 주목할 수밖에 없다. 그래서 諷詩調가 지적이며 문화적인 통징을 가져오게 하는 첩경이라 여겨진다.

　이 시에서 놀라운 기지의 발산은 2~3행에 있다.'막상막하, 정치란게 그래 / 上 뒤집으면 下 되고, 下 뒤집으면 上 되거든'에서 '막상막하(莫上莫下)'의 上과 下의 문자를 세웠다 뒤집었다 하면서 요동치는 정치판의 불안정성을 꼬집는, 재기(才氣)가 번뜩이는 컨시트를 선보이고 있다. 여기서 다만 上·下라고 하는 양극성의 문자를 가지고 세웠다 뒤집었다 하면서 엉뚱하게 결합한 결론이「정치란게 그래」로 귀결한다. 이렇게 諷詩調의 컨시트는 동떨어진 개념이나 이미지를 결합하는 데 그치는 것이 아니라, 서로 상반된 단순한 두 개의 문자로써 새로운 제3의 개념을 형성하게 한다. 이런 관점에서

諷詩調의 컨시트는 보다 다양하고 발전된 성격의 것이라 볼 수 있다.

     박지성·박주영의 꿀은 오 코리아
  OECD국 중 환경평가 맨 꼴찌의 꿀은 어이쿠 코리아
  둘 다 꿀은 꿀이다마는 뒤에 꿀은 노꿀만도 못해서
         — 박진환의「物神時代·191」

지금 지구촌은 환경오염으로 인해서 점차로 죽어가고 있는 실정인데 우리나라가 OECD국 중에서 환경평가 최하위라 한다. 이 시에서는 이런 실정을 풍자적으로 꼬집고 있는데, 1~2행에서는 축구의 '꿀인'과 환경평가의 '꼴찌'란 서로 유사성이 없는 언어들을 관련 지워 '오 코리아'와 '아이쿠 코리아'라는 서로 반대되는 개념의 언어로 대비시켰고, 3행에서는 꼴찌의 '꿀'을 '노꿀'이라는 상충·상반되는 개념과 연관시킴으로써 '둘다 꿀은 꿀이다마는 뒷엣 꿀은 노꿀만도 못해서'라는 순발력 있는 기지(wit)를 보여준다. 동시에 더 나가서는 축구의 '꿀'과 환경평가 꼴찌라는 '꿀'의 두 글자들을 교모하게 결합한 諷詩調의 컨시트의 진수를 보여주고 있다.

3. 諷詩調의 양극화 기법

또 한 가지 諷詩調에서 가장 두드러지게 나타나는 특징 중의 하나가 양극화 현상이다. 그러기 때문에 諷詩調의 컨시트

는 동떨어지고 상반된 가장 먼 거리의 양극성을 폭력적으로
결합하는 과정이나 패러독스와 아이러니의 양면성에서 오는
강한 텐션이 諷詩調로 하여금 그만큼 응축된 의미의 비유가
되게 한다.

    걸핏하면 여·야 율사들 발목잡느니, 발목잡히느니 해쌌는디
    뿌리치고 혼자만 가려고 하니 그러지, 동행해봐, 왜 발목잡나
    잡혀 부러지면 목발신세 못면해, 발목 거꾸로 해봐 목발이지
         — 박진환의「발목 거꾸로 하면 목발이지」의 전문

  분쟁과 불화의 결과가 발목이 목발로 바뀌는 기발한 발상,
곧 생명체를 비생명체로 둔갑시키는 대담한 컨시트의 수사법
이 놀라움을 준다. 그 외에도 여·야 율사들, 발목잡느니 발
목잡히느니, 발목과 목발 등의 양극화가 이 諷詩調 전면에서
팽팽한 긴장을 조성시켜주고 있다, 거기다가 본래 여·야가
대치하는 정치구도, 그것만으로도 양극의 역학관계를 유지하
는 긴장상태인데 여기에 분쟁과 충돌이 생기면 발목이 목발
이 되는 더욱더 팽팽한 긴장관계를 촉발한다. 그래서 이 諷詩
調는 웃기면서도 여·야가 정치적 협력관계를 잘 유지해야만
나라가 산다는 통징적인 메시지도 담고 있는 시이다.

    악법·약법, 청문회, FTA로 여·야 붙어도 한판 크게 붙겠다
    탓하지 말 것이 싸워야 국회답지 잠잠하면 그게 더 두려워
    마찬가지야, 아이들도 싸움질하면서 크지 않던가

— 박진환의 「아이들도 싸우면서 커」

이 諷詩調는 빈번히 일어나는 국회의원들의 성숙하지 못한 의결과정에서의 난투극을 한 마디로 꼬집은 시이다. 아이들이 싸우면서 커가듯이 국회의원들도 싸우면서 커가야만 하는가 하는 시인의 통탄이 곁들어있는 시이다. 가장 성숙해야 할 국회의원들과 가장 성숙하지 못한 나이인 어린이들의 양극현상을 동류부류로 간주하여 이질성 속의 유사성을 찾는 시인의 기지가 번쩍인다. 여기에는 양극간의 이질성이 유사성으로 바뀌는 과정에서 서로 잡아당기는 강력한 텐션도 드러나 있다. 「싸워야 국회답지」에서는 국회가 싸움판이 되어서야 되겠는가 하는 아이러니의 성격을 띤 레토릭도 있고 국회가 변화되기를 촉구하고 갈망하는 통징도 들어있다.

4. 諷詩調의 구조와 그 전환속도

형이상시에서와 마찬가지로 諷詩調에서도 생략된 구문을 씀으로써 의미의 탄력과 밀도를 더하게 하고, 또한 집약적 표현으로써 시의 단축을 꾀하는 기법을 강조한다. 그 결과 시 전개과정에서 그 전환 속도가 빨라지기 마련이다. 그래서 시의 구조가 3행시로 되어 있고 따라서 행의 길이가 짧으면 짧을수록 생략적 효과가 살아나서 함축성이 있는 시가 된다.

諷詩調는 평시조(平時調)와 같은 초장 중장 종장의 3행 형식의 구조이면서도 3장 6구 12음보의 정형시에 매이지 않은 자유시요, 동시에 평시조보다 더 빠르고 생동감이 있는 기승전결(起承轉結)의 전개가 있다. 따라서 諷詩調의 함축성과 텐션을 살리기 위해서는 될 수 있는 대로 행의 자수(字數)를 줄이고 생략하는 것이 좋다.

> 침묵이 金이라고? 순 구식
> 요즘 세상에선 말 잘해야 출세해
> 신식으론 침묵은 禁이야
> — 박진환의 「침묵은 禁이야」

1행의 金이 3행에서는 禁으로 바뀐다. 1행에서 침묵은 金이란 말은 구식이요, 3행에서는 침묵이 禁이란 말로 바뀐 것이 신식이라는 것이다. '요즘 세상에선 말 잘해야 출세해'라는 새로운 진리(?)를 발견하고 시대와 더불어 급속히 변하는 처세술의 격세지감을 실토한 시라 하겠다. 또 이 시 속에는 침묵이 금(金)이었던 옛 시대가 참이요 말을 잘해야 출세한다는 현 시대가 잘못된 것이라는 시사성(示唆性)이 들어 있다. 諷詩調가 그 짧은 시로써 현시대의 많은 모순과 부조리를 다 압축하여 표현할 수 있는 것은 오로지 3행시 속에 짧은 행으로 모든 것을 소화시킬 수 있는 수용성(受容性)과 빠른 전환기능을 지탱할 수 있는 메커니즘에서 온 것이다.

> 銅臭에 코피터진 놈이

         銅醉로 게워내는 주정
      뭘 쳐다봐, 너나 나나 다를 것이 없는데
         — 박진환의 「物神時代·68」

 이 시는 銅臭와 銅醉를 병치하고 3행에서 '뭘 쳐다봐, 너나 나나 다를 것이 없는데'로 동류화((同類化)시킨 해학적인 기법이 눈을 끈다. 銅臭란 말의 뜻은 돈으로 출세를 하려고 하거나 모든 것을 해결해 보려고 하는 물신주의자들을 낮잡아 하는 말인데 오늘날은 술로써 출세를 하려고 하거나 모든 문제를 해결하려고 하는 銅醉도 많다는 것이다. 銅臭와 銅醉의 내용이 담고 있는 절묘한 조화가 압축되어 이 짧은 諷詩調 한 편을 창구로 하여 오늘의 모든 시대상을 한 눈으로 볼 수 있다.

 그러나 풍조시에서 행의 자수를 줄이고 표현의 생략적인 효과를 극대화하려는 경제적인 언어구사는 아무나 할 수 있는 것이 아니다. 허다한 諷詩調에서 발견할 수 있는 것은 행이 짧으면 그 표현과 의미성도 부실한 경우가 많다는 것이다. 따라서 諷詩調는 자수(字數)를 최소화하면서도 그 함축성을 최대화할 수 있는 기법이야말로 바로 諷詩調의 완성도를 높이는 첩경임을 알게 된다.

맺는 말

 이상과 같이 諷詩調에서 보이는 수사법상의 기법이 형이상시의 그것과 유사한 점이 많다는 것을 알 수 있다. 그러나 그 구조적인 측면에서 볼 때 형이상시보다는 시가 짧고 컨시트도 형이상시보다는 언어유희의 측면에서 독특하고 문자유희의 면에서도 독보적인 경지를 보이고 있는 시라는 것이다. 諷詩調의 대부분이 명확한 양극화 구조로 되어 있고 상반되고 동떨어진 개념이나 사물을 결합하여 부조화의 조화를 이루고 있다. 또한 3행시의 짧은 시로서 생략적이고 압축적인 기법을 통해서 고도의 밀도감을 조성하기 위해 언어와 언어, 행과 행을 교합하여 전개되는 전환속도가 유달리 빠른 것도 그 특징 중의 하나라 하겠다. 이런 시의 특징 때문에 앞으로 諷詩調가 우리나라 문학의 한 장르를 이루고 발전하여 보다 큰 문학성을 발휘하는 날을 기대하여 마지않는다.

조선문학사시인선 999

諷詩調詩集 · 486

풍간시초 · 2

2025년 11월 1일 인쇄
2025년 11월 10일 발행

지은이 / 박진환
발행인 / 박진환
펴낸곳 / 조선문학사
등록번호 / 1-2733
주소 / 03730 서울 서대문구 통일로 389(홍제동)
전화 / 02-730-2255
팩스 / 02-723-9373
E-mail / chosunmh2@daum.net

ISBN 979-11-6354-378-7

정가 10,000원

※ 인지는 저자와 합의 하에 생략
※ 잘못된 책은 서점에서 교환해 드립니다.